AF242422

OBSERVATIONS

D'UN NÉGOCIANT

SUR LES FINANCES,

Et sur les divers Plans proposés pour réduire le nombre ou la valeur des Assignats.

Malheur à qui rompt l'équilibre
Des loix et de la probité !
Maintenir la propriété ,
C'est le serment d'un Peuple libre.
Christophe Dubois , Comédie.

Lorsqu'on voit un aveugle marcher à grands pas vers un précipice, la nature frémit, et il n'est point besoin de réflexions pour se hâter de lui crier : *arrête, malheureux ! tu vas te perdre et périr sans ressource !*

De même, quand il est question de faire le bien, d'indiquer les moyens que l'on estime les plus capables d'y parvenir, il n'est nullement besoin de longs exordes. Il n'est question que de venir au fait, et de présenter le plus promptement possible ces moyens à la méditation des personnes les plus capables de juger, ou de leurs inconvéniens, ou de leur mérite, ou de leur inutilité.

C'est dans cette position, que je me hâte de proposer mes propres idées. Si elles sont susceptibles d'erreur, parce que l'erreur n'est que trop souvent le partage de

A

l'humanité, au moins puis-je assurer que dictées par simple zèle pour le bien général, elles ne seront jamais susceptibles des vices de l'intérêt particulier.

Je ne m'appésantirai point sur l'état de crise et de
convulsion où se trouve la République, dans un moment où tout sembloit lui promettre le sort le plus tran-
quille et le plus heureux. Je ne rappellerai point la triste
position où des dilapidations sans nombre, et sur-tout
le manque des connoissances nécessaires en fait de finances, a pu réduire cette partie essentielle du gouvernement. Je ne me dissimulerai point la grandeur du mal,
je l'exagererai même s'il le faut ; mais je dirai en même
tems, et je le dirai avec confiance, il n'est point sans
remède, il ne s'agit que de prendre des mesures plus
économiques, plus justes et plus sages ; on pourra encore
parvenir à le guérir.

Lorsque la premiere Assemblée représentative du Peuple a été établie ; lorsque concourant avec le gouvernement d'alors au maintien de la chose commune, elle a
consenti à l'émission d'un papier-monnoie pour remplir
le vuide qui existoit depuis long-tems dans les finances ;
lorsquelle a voulu que ce papier fût représentatif d'une
valeur réelle contre laquelle il seroit un jour échangé,
son dessein a-t'il été de tromper et la Nation et les Etrangers auxquels on le donnoit en payement ? Le leur a-t'on
remis comme un engagement auquel on se promettoit
de manquer un jour ? Non. On en peut sainement juger
par toutes les mesures qu'elle a prises pour donner un
gage, une hypothèque à ce papier et pour la lui conserver.

Lorsque la seconde Assemblée, celle que l'on nomme
Législative, dans des circonstances infiniment plus
graves encore, a été forcée de se prêter à de nou-
velles émissions de papier, a-t'elle eu plus de dessein
que la premiere d'abuser de la confiance publique ? Non.

Elle a conservé le même desir , le même espoir qu'un jour il seroit retiré ; et pour en être plus sure , elle a ajouté au gage , à l'hypothèque qu'on lui avoit déja accordée sur les biens du ci-devant Clergé , celle sur le bien des Emigrés.

Enfin, lorsque l'Assemblée actuelle, chargée en même tems d'une guerre à soutenir contre presque toutes les Puissances de l'Europe , d'une autre guerre intestine mille fois plus cruelle et plus dangereuse encore, ayant à subvenir à la subsistance de 25 millions d'individus, accablée de dépenses énormes qui se renouvelloient et s'étendoient sans cesse, gémissant sous le faix d'un gouvernement tyrannique , qui en ruinant toutes les fortunes particuliéres , anéantissoit toutes les ressources, s'est vue contrainte de pousser successivement cette émission au taux le plus haut et le plus effrayant ; s'est-elle réservé , soit publiquement , soit mentalement, le droit de manquer à sa parole , à sa promesse, à ses engagemens , en réduisant ce papier à une valeur telle quelle, à une valeur peut-être même au-dessous de dix pour cent, tellement qu'un jour il ne puisse en conserver aucune ? Non certainement elle ne l'a pas fait.

Et c'est cependant ce que, sous un gouvernement régénéré, sous un gouvernement qui doit être dédié au bonheur du peuple, sous un gouvernement qui ne peut subsister que par l'observation la plus stricte des droits de la justice et de l'équité , on ose lui proposer de faire.

Quelques-uns , plus modérés que les autres , veulent ne faire perdre aux assignats qu'un quart de leur valeur, ce qui réduiroit l'assignat de 100 liv. à 75 liv. ; d'autres vont plus loin , et proposent de les réduire de 10 pour cent chaque année ; en sorte qu'au bout de dix ans leur valeur se trouve réduite à zéro ; et aucun d'eux ne réfléchit que dès qu'on osera morceller la valeur représentative de ce papier, il perdra totalement le reste de la confiance qu'il aura pu conserver jusques-là.

Ce n'est pas sans peine que, parmi les Auteurs de ces projets insidieux, on en voit un, dont les mœurs et les lumieres sont connues, s'égarer jusqu'au point de présenter comme une suite des principes de l'équité, un plan qui en seroit la destruction la mieux caractérisée et la plus complette.

Suivant ce plan, qui commence par dépouiller les assignats de ce qu'ils sont bien réellement, une valeur représentative, pour leur imprimer on ne sait quelle valeur qu'il qualifie nominative; et qu'en faisant dépendre cette valeur nominative de l'opinion sujette à une variation perpétuelle, aujourd'hui elle ne fera valoir ce papier bien créé, bien donné en payement pour 100 l. que 10 francs, demain que cent sols, après-demain que rien.

Les mœurs du petit se modèlent ordinairement sur les mœurs du grand. Qu'on juge de ce qu'ils deviendront si on fait jouer au grand le rôle proposé.

Qu'on suppose un négociant décidé à abuser de la confiance publique; il achetera au prix que l'on voudra toutes especes de marchandises contre ses effets à longs termes; et lorsqu'il les aura appliquées à son bénéfice, ou divaguées, il cherchera lui-même à se discréditer aux yeux de ses créanciers, à leur imprimer la terreur et la crainte de tout perdre; et quand il aura bien réussi à leur imprimer cette terreur et cette crainte, il ne manquera pas d'en profiter pour faire retirer ses engagemens, en les faisant acheter sous-main à 90 ou 95 pour cent de perte pour ceux qui en étoient porteurs.

Qu'on demande à tous les casuistes du monde, à toutes les personnes sensées, à tous les individus honnêtes, ce qu'ils jugeront d'une pareille conduite. Leur réponse ne pourra varier , elle sera unique , elle sera uniforme ; tel négociant seroit un fripon.

Et tel est le rôle infâme que l'on s'abuse jusqu'au point de le vouloir légitimer , et qu'en conséquence on propose de jouer : à qui ? à une République naissante , qui ne pouvant , comme on l'a déja dit , fonder sa liberté que sur le maintien des loix , de l'ordre , de la justice et de l'équité , ne peut jouir de ces avantages sans la confiance publique , et sur-tout celle des étrangers avec qui elle traite.

Une telle proposition pouvoit avoir lieu , pouvoit être adoptée , dans une époque qu'il seroit à souhaiter pût être effacée des fastes de notre Révolution ; c'est-à-dire , sous le regne du terrorisme, où la vertu étoit transformée en crime, et où le crime étoit érigé en vertu.

Mais qu'un bon citoyen , qu'un homme réellement vertueux , ait pu se laisser séduire par une imagination exaltée par l'idée à-peu-près absurde qu'en réduisant l'assignat de cent livres à 10 livres , on verra de suite tomber et se réduire le prix de toutes especes de subsistances , de matieres premieres , de marchandises, et le montant de toutes especes de dépenses dans la même proportion.

Il en pourroit effectivement être quelque chose , si en réduisant l'assignat de cent livres au dixieme de sa valeur , on avoit de suite les moyens de l'échanger contre une valeur métallique et plus réelle , comme on auroit , par exemple , été en état de le faire , si on eût conservé avec soin ces précieuses valeurs métalliques que l'on a gaspillées si indiscrettement.

Mais alors il ne se seroit agi ni de réduction légale , ni de réduction forcée du prix des assignats ; il ne falloit, comme l'ont fait et le font encore les agioteurs , que profiter de la crainte de leur chûte pour les retirer de

la circulation , en les achetant même beaucoup au-
dessous de dix pour cent.

Mais quelle est la monnoie que l'on offre, que l'on
propose aujourd'hui pour tenir lieu d'échange d'une valeur représentative de cent livres ? C'est ce même papier
déjà rogné des neuf dixiemes de sa valeur ; c'est ce même
papier , à la fidélité duquel on a déjà attenté , et à la
fidélité duquel on se réserve d'attenter encore.

Ceci n'est point une exagération ; car si en réduisant
une bonne fois l'assignat de cent livres à dix livres (les
autres à proportion ,) on le fixoit là d'une maniere in-
variable , ceux qui auroient le malheur d'en rester chargés , et qui n'auroient point d'autre bien ni d'autre ressource , sûrs de ne perdre que les neuf dixiemes de
leur capital , pourroient peut-être avec le dixieme restant, payer une légere pension à l'hôpital où ils seroient
obligés de se retirer.

Mais que propose-t-on d'imprimer aux assignats ? Au
lieu d'une valeur fixée , c'est une valeur ambulante ,
une valeur perpétuellement incertaine , parce qu'elle ne
dépendra que de l'opinion, non pas seulement des Fran-
çais, mais des Etrangers , d'après le cours que pren-
dront leurs changes vis-à-vis de la France.

Mais que le citoyen qui s'est laissé surprendre jusqu'au point d'adopter et de présenter de telles idées ,
tremble , lorsqu'il nous ramene au tribunal de l'opinion , à ce tribunal auquel on ne peut en imposer.
Elle est déjà prononcée , cette opinion , et elle l'est de
maniere à ne laisser aucune équivoque : dès que son plan
s'est annoncé , dès que la Convention a commencé d'y
donner une espece d'approbation , en le faisant imprimer à ses dépens, dès qu'elle a semblé tenir une conduite vacillante et incertaine à cet égard , les changes
qui depuis un an s'étoient maintenus à Bâle, de 18 à 20

pour cent, c'est-à-dire, de 80 à 82 pour cent de perte pour nos assignats, sont tombés de 9 à 10, et conséquemment portent la perte sur ce papier de 90 à 91, et peut-être au moment qu'on écrit ceci à beaucoup davantage.

Et si, par le plus grand malheur, on adoptoit le plan du citoyen que je combats, que seroit-ce du cours de ce change, immanquablement suivi dans toutes les places d'Europe? ce seroit de tomber de 10 à 5, de 5 à 2, ou à 1, ou plutôt à rien : car après avoir sauté d'une maniere aussi leste sur la valeur des assignats, en leur faisant perdre tout-d'un-coup les neuf dixiemes de cette valeur, doit-on penser qu'on sera plus scrupuleux à anéantir également le seul dixieme qu'on a laissé subsister ?

On devra d'autant moins le penser, que cela est déjà annoncé par le plan que je réfute ; car si la valeur de l'assignat est réduite à celle de l'opinion, et que l'opinion, qui ne peut se forcer, le réduise à zéro, il s'en suivra que d'après le systême erroné de ce même plan, et des principes d'équité qu'il applique aux finances, la Convention sera fondée en droit, en justice et en équité à le réduire absolument à rien.

De supposer que les Etrangers, en nous vendant à proportion les articles que nous étions obligés de tirer d'eux, auront fait des bénéfices énormes, et qui auront pu aller jusqu'à 9 ou 10 pour un, c'est une supposition extravagante et qui n'entrera jamais dans l'esprit de ceux qui ont la moindre notion de ce que c'est que commercer.

De supposer également que pour réaliser ce bénéfice, ils auront conservé soigneusement la même quantité d'assignats qui leur a été donnée en paiement pour jouir de leur valeur entiere, quand des circonstances plus heureuses nous permettroient de remplir nos engagemens en intégrité ; et d'après cette supposition , se croire fondé à réduire ces engagemens à une somme infiniment moindre , ou les anéantir totalement , c'est supposer que quelqu'un aura pu avoir le projet de nous tuer, pour nous croire fondés à l'assassiner nous-mêmes.

Il est fort peu apparent que dans la Suisse, comme dans tous les autres pays étrangers ensemble , il reste seulement un million d'assignats en stagnation , en attendant ou en espérant le moment où ils pourront être échangés contre une valeur plus réelle ; mais quand, au lieu d'un million , il y en auroit dix , il y en auroit cent , faudroit-il punir les propriétaires de ces mêmes assignats d'avoir eu plus de confiance en notre bonne-foi, en notre probité , qu'un infiniment plus grand nombre de leurs compatriotes qui , les recevant en paiement de ce qu'ils nous vendoient , se hâtoient de les remplacer par l'achat de nos propres produits , et sur-tout de nos objets de luxe , qu'ils nous payoient , à proportion des circonstances , beaucoup plus cher que dans un autre tems ?

Et quand il s'agiroit, comme non , de punir ces Etrangers de leur confiance ; quand on supposeroit qu'ils mériteroient cette punition , devroit-on l'infliger à un infiniment bien plus grand nombre de nos propres concitoyens, qui n'ont point commis cette prétendue faute , qui n'ont contracté contre des assignats que forcément, qui ne les ont reçus que par nécessité , et qui n'ont eu ni l'occasion , ni le temps, ni le moyen de s'en débarrasser ?

C'est cependant ce qu'on ose proposer de faire ; et sous prétexte qu'il y a eu un assez grand nombre d'agioteurs, de coquins, d'intriguans qui ont établi leur fortune particuliere aux dépens de la fortune publique, on veut confondre dans la même cathégorie, sous le même point de vue, un nombre heureusement beaucoup plus grand

de

de citoyens honnêtes, qui déjà victimes de la rapacité de ces vampires, ne méritent certainement point de partager avec eux la punition de leurs crimes.

Le citoyen qui, de bonne-foi, propose ceci en croyant ne pas s'écarter des voies de la justice, n'est sûrement point né dans le commerce; car s'il y étoit né, s'il y avoit été élevé, s'il en avoit eu quelques notions, racontant les maux dont il a été durant trois ou quatre ans la victime, il n'appliqueroit son talent qu'à tâcher de guérir la plaie qui menace ses semblables, et non pas à l'agraver.

Il faut lui donner l'exemple de ce qu'a été, de ce qu'a pu être, il y a deux ou trois ans, une maison honnête, et certainement il en est encore beaucoup en ce genre dans la République; de ce que cette maison peut avoir souffert, de ce qu'elle souffrira encore, si le projet combattu, mille fois plus désastreux que le *maximum*, pouvoit jamais être admis.

On suppose cette maison munie, il y a deux ou trois ans, d'un capital de 400 mille livres totalement employées dans le commerce; qui le suit avec activité; qui modere sa dépense relativement aux circonstances; qui éleve sa famille dans le goût du travail; qui donne le plus grand soin à l'acquit de ses engagemens; qui se prête autant que sa fortune le permet, et même beaucoup au-delà, à tout ce qui est de taxes, de contributions, pour la chose publique, de secours pour ses freres indigens.

Le malheureux *maximum* paroît; on lui enleve en deux jours tout ce qu'elle a de marchandises, au quart de ce qu'elles lui ont coûté; et ce même quart, on le lui paie en assignats.

Si elle a des marchandises pour compte d'amis, et sur-tout d'amis étrangers, en magasin, elles ont le même sort. De-là la perte naturelle de la suite de ces mêmes commissions.

Son capital ainsi réduit, diminué quelquefois des deux tiers, quelquefois des trois quarts, lui reste infructueux. Elle ne peut l'employer à aucun commerce quelconque, puisqu'elle est perpétuellement exposée aux suites de ce même *maximum*, à l'enlevement de ses marchandises, aux réquisitions, aux péremptions, à ces mots jusqu'alors inconnus dans le commerce, et à l'aide desquels il s'est commis tant d'horreurs, tant de coquineries, tant d'abus, tant d'injustices : elle est donc réduite à vivre aux dépens de ce même capital, et déjà réduit au quart, à le voir encore diminuer chaque jour.

Et c'est au moment où elle se flatte, que, débarrassée de la perte, de la gêne, des entraves entassées sur le commerce, elle pourra essayer de reprendre le sien avec un capital peut-être de moins de cent mille livres, triste reste de ce qu'il étoit deux ou trois ans auparavant, que ce capital en assignats se trouvera réduit à dix mille livres, si on admet le plan de réduction proposé par le citoyen auquel on répond.

Après avoir posé comme principe d'équité, que la Nation Française a droit de réduire ses engagemens au prix que l'opinion particuliere peut leur donner, le citoyen qui s'est égaré jusqu'au point d'avancer ceci, semble avoir prévu l'objection qu'on ne manqueroit pas de lui faire et l'exemple qu'on vient de lui citer, puisqu'il y répond d'avance en supposant que l'on feroit autant avec ce capital de dix mille livres, qu'il lui plaît de qualifier réel, qu'on auroit fait précédemment avec une valeur nominative de cent mille livres, et qu'ainsi il n'y auroit aucune perte pour le propriétaire du papier.

Il en pourroit être quelque chose, si en rognant à l'assignat de 100 livres les neuf dixiemes de sa valeur représentative , on avoit de l'espece à échanger de suite contre le dixieme restant , auquel on aura bien voulu momentanément faire grace.

Mais sans cet échange, qui encore ne produiroit jamais une réduction aussi grande ni dans le prix des comestibles , ni dans celui des matieres premieres , ni dans celui des marchandises fabriquées , ni dans le salaire des ouvriers ; on peut être sûr que tant qu'il ne restera en circulation que cette monnoie de papier ainsi mutilée, on ne verra presque aucun changement dans le taux actuel de ces divers objets , et qu'on s'attachera plutôt à resserrer de la maniere la plus étroite et l'espece monnoyée et tout ce qui ne peut souffrir d'altération.

Et quand cela pourroit réduire à 1000 ou 1200 francs le prix d'un sac de bled d'environ 300 livres de poids , que certains cultivateurs ont vendu jusqu'à 1500 livres; la Nation , qui dans les principales villes a voulu se charger de fournir le pain aux divers individus à un prix infiniment disproportionné de ceci , verroit-elle les moyens de diminuer cette dépense , et toutes les autres qui en résulteroient nécessairement , sans l'émission de nouveaux papiers qu'elle auroit d'avance discrédités , et dont conséquemment on ne pourroit faire aucun usage ?

On voit malheureusement déja la preuve de cette assertion , par la chûte d'environ moitié qu'ont subi nos changes avec l'Etranger, depuis seulement qu'on a osé produire des plans de finances aussi désastreux.

Et que seroit-ce si plus malheureusement encore, quelques-uns de ces projets iniques pouvoient jamais être adoptés , et que l'Etranger pût regarder comme certain ce quil n'a envisagé jusqu'à présent que comme douteux? Il n'en résulteroit certainement que les effets les plus cruels.

On peut l'annoncer d'avance au citoyen qui a été si

vite en besogne. Heureux si la réjection absolue de son plan préserve de voir l'accomplissement fatal de cette prédiction !

Il n'ose citer , pour appuyer sa proposition , ce qui s'est passé en 1720 , lors du fameux Système de Law sur les. finances. Dès qu'on eût touché à la valeur représentative des billets de banque , leur crédit se perdit tout-d'un-coup , et il fut absolument impossible ni de le rétablir , ni même de trouver un palliatif quelconque à la grandeur du mal.

Il préfere s'étayer de ce qui s'est passé dans les Etats-Unis de l'Amérique lorsqu'il y étoit.

Mais ce qui a été un vice , un vice caractérisé dans un Etat Républicain, qui, par sa constitution fédérative, ne pouvoit peut-être pas faire autrement, ne doit jamais être proposé dans une République indivisible , qui a autant de ressources que la République Française.

Mais encore la citation qu'en fait ce citoyen n'est pas juste, et il convient le relever de son erreur.

Quels sont les papiers-monnoie que les Etats-Unis ont laissé anéantir , et peut-être ensuite rachetés au plus bas prix ? C'étoit les engagemens particuliers de quelques-uns de leurs Etats seulement.

Mais lorsqu'entierement formés en République, et en République qui avoit un gouvernement , et que ce gouvernement a une fois pris des engagemens au nom général et commun de la Nation , non-seulement il les a respectés et remplis d'abord . par le paiement exact des intérêts, et ensuite par le remboursement de la plupart des capitaux.

Ainsi , l'exemple que ce Citoyen veut tirer de leur conduite , tombe de lui-même , et ne peut servir pour la direction de celle que nous devons tenir.

Pour ne pas divaguer de cette conduite, il faut se rappeller perpétuellement , il faut avoir sans cesse présent à l'esprit une chaîne de vérités qu'on n'a que trop souvent méconnues, et qu'on voudroit encore oublier. Je ne ferai qu'en indiquer quelques-unes.

1°. Que les assignats n'ont été successivement créés que comme représentatifs d'une valeur bien réelle et bien expresse.

Comment ose-t'on les dépouiller de cette qualité essentielle pour les réduire à ce qu'on appelle une valeur nominative, qu'on va bientôt transformer en une valeur ambulante et parfaitement nulle ?

2°. Qu'ils ont été fournis en payement de dettes bien constantes et bien réelles de la Nation.

Comment peut-on sans crime toucher aujourd'hui à la valeur de la monnoie représentative qui a effectué ce payement ?

3°. Que s'ils ont été créés en trop grand nombre, que s'ils ont été multipliés à l'infini, ce n'est pas la faute de ceux qui s'en trouvent aujourd'hui chargés, mais bien celle du gouvernement, qui les a forcés de les recevoir, et qui dans certaines circonstances les a dilapidés sans borne et sans mesure.

Ce seroit ici l'occasion de rappeller , au moins à l'occasion des finances, les fautes de ce gouvernement qualifié révolutionnaire , et qui seroit bien mieux nommé destructif. On en citera seulement deux des principales.

L'une , d'avoir voulu établir à Paris et dans la plupart des plus grandes communes de la France , et d'avoir livré au riche comme au pauvre sans distinction , le pain beaucoup au-dessous du prix du bled dans les principaux marchés de l'Europe , opération qui a coûté et qui coûte encore des milliards à la République, tandis qu'elle ne devoit avoir lieu qu'en faveur du peuple indigent et du pauvre seulement.

L'autre, de ne s'être pas borné au seul objet des subsistances , objet auquel on se trouvoit en quelque sorte
nécessité ; mais encore d'avoir , sans connoissance et
sans utilité , voulu embrasser le commerce entier de la
République, en employant à cette manutention des capitaux immenses , dont on n'aura jamais ni compte, ni
taille , et dont aussi on ne pourra jamais connoître l'em-
ploi.

Il y a encore à considérer , relativement aux assignats :

4°. Que lorsqu'on les a mis en émission , qu'on leur
a imprimé une valeur représentative , qu'on a désigné
l'objet qui devoit servir à les remplir , et à les retirer
peu-à-peu de la circulation , on ne s'est jamais réservé
le droit d'en anéantir la valeur, soit partiellement, soit
entierement.

Si l'on ne peut, en bonne justice, manquer à un engagement pris, quand même le gage affecté à son rempli
se trouveroit absolument épuisé , à combien plus forte
raison doit-on y tenir lorsque ce gage, bien loin d'être
épuisé , est en majeure partie presque encore dans tout
son entier.

5°. Que si les assignats ont acquis un discrédit; que si
la baisse des changes en a été la suite inévitable; que si
les agioteurs et les intriguans ont profité des circonstances ; c'a été la faute du gouvernement.

En faisant lui-même, entre ce papier et l'espece monnoyée , une différence qu'il interdisoit aux particuliers.

En supprimant l'usage du commerce de satisfaire au
payement de ce qu'il doit au dehors , par des remises en
lettres-de-change, ou par des traites que l'on faisoit sur
lui.

En substituant à cette maniere de payer, dont les Ban-
quiers ont de tout tems été les agens, des envois de numéraire qu'il étoit si précieux de conserver, et qui ont

contribué à rendre ce numéraire aussi rare et aussi cher par comparaison à l'assignat.

6°. Que c'est bien peu connoître le prix de la confiance, et sur-tout de celle qu'il nous est si intéressant que l'E-tranger ait envers nous, que de s'exposer à la perdre entierement, avant même que d'avoir consommé et conso-lidé, par l'établissement d'un gouvernement régulier et la paix avec toutes les Puissances étrangeres, le grand ouvrage de notre révolution.

7°. Enfin, que si d'un côté le discrédit des assignats a considérablement augmenté nos dépenses, on ne peut disconvenir qu'il a aussi augmenté d'une maniere con-séquente la valeur du gage destiné à remplir ces mêmes assignats et à les éteindre, et qu'ainsi le discrédit du papier-monnoie n'est pas tout-à-fait en pure perte pour le gouvernement.

Sans avoir les vues du plan particulierement combattu, divers autres plans ont présenté des vues partielles, soit pour retirer de la circulation le plus grand nombre des assignats, soit pour avec le temps les acquitter et les étein-dre entierement.

Tous ces moyens sont salutaires, en ce que presque tous se proposent d'éviter une secousse qui bouleverseroit la France dès la troisieme année de son établissement en République, comme elle le fut en 1720 par les abus d'un regne monarchique.

En général, quelques-uns de ses plans se réduisent :

1°. A presser la vente et la rentrée du produit des biens nationaux, destinés à remplir le payement des assi-gnats et leur anéantissement légitime.

2°. A forcer en quelque sorte cette plus prompte ren-trée, soit en effectuant une refonte générale de tous les assignats en émission, et qui n'admettant que pour un certain temps la concurrence des anciens avec les nou-

(16)

veaux, donneroit plus de cours aux moyens ouverts pour
retirer les premieres, soit en obligeant les acquéreurs de
biens nationaux qui n'en effectueroient pas de suite
l'entier payement, à fournir leurs obligations à terme,
qui auroient cours par endossement, comme des effets
absolument mercantils.

3°. A presser encore ces rentrées, et ouvrir un nou-
veau débouché aux anciens assignats, encore à retirer
par le moyen d'une loterie d'un ou deux milliards, dont
les tirages n'auroient lieu que d'année en année, jusqu'à
sa parfaite extinction au bout de dix ans; et où les action-
naires, au moyen des intérêts joints au capital pour
former les gros lots, retrouveroient au pis-aller toujours leur capital, sans autre perte que celle de l'intérêt.

4°. En faisant une autre loterie dont les lots seroient
composés de biens nationaux, qui, par certaines circonstances, ne pourroient pas atteindre leur véritable valeur
dans une adjudication au plus offrant.

Tous ces divers plans ont ceci de bon, que si par éve-
nement, ils ne procuroient pas de moyens suffisans pour
retirer la nombreuse quantité, et la quantité parfaitement inconnue des assignats en émission, au moins ils
en retireroient une portion très-conséquente; ce qui n'ex-
cluant pas tout autre genre de remboursement, redonne-
roit toujours beaucoup plus de crédit à ceux qui resteroient
encore en emission.

Qu'en attendant le retour des especes monnoyées, ils
fourniroient à nos échanges avec les Etrangers, des papiers différens, qui outre leur hypotheque particuliere,
auroient encore tous les caracteres, tous les avantages, toute la garantie des effets mercantils et com-
merciables.

Qu'il n'en faudroit pas davantage pour ramener peu-
à-peu la confiance des Etrangers envers nous, rétablir

le

le cours des changes et réduire le prix de diverses marchandises, et pour nous munir de comestibles et d'autres objets de première nécessité, avec beaucoup plus d'abondance et de facilité.

Enfin, qu'ils éviteroient ce que nous devons appréhender le plus, une secousse qui bouleverseroit toute la France et renverseroit le grand ouvrage de notre Révolution, au moment où il est sur le point de se consolider de la maniere la plus forte et la plus inébranlable.

On ne doit point douter que si ce bouleversement est l'objet bien légitime de nos craintes et de nos appréhensions, il ne peut être en même-temps que l'objet le plus ardent des vœux des ennemis de notre bonheur, de notre tranquillité et de notre liberté.

Serions-nous assez malheureux, assez téméraires, assez insensés, assez peu dignes de cette liberté, que de prêter la main à ce qui peut l'anéantir et la détruire sans ressource ?

Et c'est ce qui arriveroit, si malheureusement on adoptoit le plan à la réfutation duquel ce Mémoire est plus particulierement dédié.

On doit cependant rendre la justice à la premiere partie de ce plan, qui expose la nécessité de réformer d'une maniere ou d'autre le prix des baux des possessions rurales, dont le produit est porté si haut par le prix énorme auquel ont été portés les comestibles, (prix qui durera long-tems, quelque chose que l'on fasse, par la rareté des grains dans tous les marchés de l'Europe,) que tous les baux passés avant la suppression du maximum, pour peu qu'ils aient seulement six années à courir, mettront le fermier ou locataire en état d'acheter et payer le fonds; que par la même raison de cherté des grains, etc. le propriétaire pressé par la misere, sera forcé tôt ou tard de lui vendre.

Au surplus , on doit les plus grands éloges au plan du cit. Ricord: lui seul a abordé la question dans le grand ; lui seul a posé les véritables principes. Bien convaincu que la valeur des assignats émis pour les besoins de la Nation , est une dette de la Nation, et une dette sacrée , il ne s'est point contenté des fonds ou des objets particuliers affectés à leur retraite et à leur extinction ; il a voulu que toutes les facultés de la Nation fussent hypothequées à cet acquit et à ce payement ; et il a présenté le moyen de l'effectuer , par la simple avance d'un certain nombre d'années de l'imposition fonciere ; imposition qui portée á son dernier taux par la réforme du prix des baux des possessions rurales , seroit bien suffisante pour acquitter avec honneur et fidélité tous nos engagemens, tels onéreux qu'ils ayent pu nous devenir.

Puissent ces vues convaincre le monde entier de la justice et de la loyauté de la Nation Française ! Elles ne tarderont point à lui réunir tous les cœurs; la confiance des Etrangers renaîtra ; ils s'empresseront de fournir à nos besoins ; le nombre de ces besoins diminuera chaque jour ; les changes reprenant faveur, feront diminuer par dégrés les prix de ce que nous sommes obligés de tirer du dehors ; l'agriculture s'animera et s'augmentera de plus en plus; nos manufactures se maintiendront, et le commerce prenant un nouvel essor, parviendra peu-à-peu à réparer une partie des pertes énormes qu'il a souffertes.

Paris ce 19 floréal , l'an troisieme de la République Française, une et indivisible.

De l'Imprimerie de RENAUDIERE, rue des Petits-Champs, n°. 69.